Walter Ballhause:
Licht und Schatten der dreißiger Jahre
Foto-Dokumente aus dem Alltag

Vorwort von Fritz Rudolf Fries
Mit 126 Fotos

Deutscher
Taschenbuch
Verlag

dtv

Ungekürzte Ausgabe
Dezember 1985
Deutscher Taschenbuch Verlag GmbH & Co. KG, München

Titel der Originalausgabe:
Zwischen Weimar und Hitler.
Sozialdemokratische Fotografie 1930–1933
Umschlaggestaltung: Celestino Piatti
Umschlagfotos: Walter Ballhause (Titelseite);
Selbstporträt Walter Ballhause (Rückseite)
Gesamtherstellung: C. H. Beck'sche Buchdruckerei, Nördlingen
Printed in Germany · ISBN 3-423-10501-1

Das Buch

Unter den Dokumenten zur Geschichte der Weimarer Republik gebührt den Fotografien von Walter Ballhause ein besonderer Rang. Sie dokumentieren die politischen und sozialen Verhältnisse zwischen Weltwirtschaftskrise und nationalsozialistischer Machtergreifung, sie geben Zeugnis von Not, Arbeitslosigkeit, Massenelend, nationalsozialistischer Propaganda und Gewaltanwendung, aber auch von den Sonntagsfreuden der Arbeiter. Es sind Aufnahmen von Licht und Schatten der untergehenden Weimarer Republik – und Schatten überwog in jenen Jahren. Ballhauses Fotos entstanden zwischen 1930 und 1933 in Hannover, doch es könnte Berlin oder Leipzig sein. Dabei näherte er sich seinen Motiven, den Menschen aus seinem Milieu, stets mit Achtung, beschönigte die Armut nicht, deutete sie aber auch nicht voyeuristisch aus, nahm den Menschen nie ihre Würde. Außerdem zeichnen die naturalistische Intensität der Fotos und die engagierte Dokumentation der Auswirkungen politischer Entwicklungen auf die gesellschaftliche Realität die Kameraarbeit des Walter Ballhause aus: Es ist sozialdokumentarische Fotografie, die in der deutschen Geschichte kaum Parallelen hat.

Der Autor

Walter Ballhause wurde 1911 in Hameln geboren. Er war das jüngste Kind eines Schuhmachers und einer Lederstepperin. 1925 trat er der SPD bei, später der Sozialistischen Arbeiterpartei. Von Hannover übersiedelte er nach Straßberg bei Plauen, wurde dort 1944 wegen seiner Tätigkeit im Widerstand verhaftet und 1945 aus dem Zuchthaus Zwickau befreit. Nach dem Krieg war er Bürgermeister in Straßberg, wo er heute noch lebt.

dtv
zeugen und zeugnisse

Inhalt

Klassenbild, Bild vom Menschen

> Darf Deutschland fotografiert werden oder nicht? Das ist die erste Frage. Die zweite Frage lautet: Wie darf es fotografiert werden?
>
> Bernhard von Brentano, 1932

> Ich habe mich nicht in der Nähe der Unterdrückten herumgetrieben, um auf schamlose Art etwas zu erbeuten. Ich brauchte den Unterdrückten nicht über die Schulter zu schauen, da ich selbst einer von ihnen war, aus ihrem Milieu kam.
>
> Walter Ballhause, 1980

Ein halbes Leben waren diese Bilder vergessen. Da man von den Anfängen einer heute die Macht ausübenden Klasse sprach, hatte man sie nicht zur Hand. Die vorliegende Auswahl ist ein Ereignis in mehrfacher Hinsicht.

Dennoch: es geht einem eigenartig mit diesen Aufnahmen. Man hat zunächst Scheu, sie zu betrachten. Sind da nicht Menschen in ihrer letzten Dunkelheit, die in den Tod führt? Ist nicht die Aufforderung der Kunst, die verlorene Zeit wiederzufinden, ein Totentanz? Die Scheu des Betrachters löst sich erst bei den Kinderfotos, bei den Müttern, von denen Käthe Kollwitz gesagt hat, daß sie die alte Zeit besiegen werden. Hier könnte der heutige Betrachter sich wiederfinden, und sein Lächeln wäre das eines noch einmal Davongekommenen, durch Krieg und Nachkrieg.

Von den Fotografien Walter Ballhauses trennt uns ein halbes Jahrhundert. Wirklich so viel? Der eine oder andere mag diese Bettler im Licht von Kaufhäusern, die Heilsarmee im Verkehr von Prunkstraßen gerade erst gesehen haben. Und so geschieht etwas Merkwürdiges beim Betrachten; der Betrachter findet sich auf dieser oder jener Seite der Welt, je nach seinem Standort. Ausbeutung schafft sich ihre Zeugen, und die Zeugen klagen an, solange die Zustände dauern. Daß wir bei diesen Bildern verweilen, liegt nicht nur am Dokumentarischen der Fotografie, am Zeugnis einer Abrechnung mit einer historisch gewordenen Zeit. Dokumente könnten zu den Akten gelegt und vergessen werden. Doch wie jedes Kunstwerk verführen auch Ballhauses

Arbeiten durch Suggestion, durch die Magie eines wie ausgesuchten Lichtes, das in der Großstadt immer nur darauf zu warten scheint, fotografiert zu werden. Dabei ist die einfache Technik der von Ballhause verwendeten Leica – um 1928 ein Gebrauchsinstrument für jedermann – oft ein Hindernis, das Licht wird zum Gesetzgeber, der Nachtaufnahmen und Regentage verbietet. Und gefährlich auch die Faszination der Armut, die subtilen Grautöne der Verlassenheit, die Schatten der Hinterhöfe.

Diese historischen Belege setzen uns Nachgeborene scheinbar ins Recht. Aber um 1930 mußte einer *erkennen*, was da lief und wohin, im Sturmschritt über die Straße, vorbei an dem alten Mann und auf den Jungen zu –; und ist nicht der Mann im Staubmantel der künftige Führer der Deutschen, der hier noch wie ein Anstreicher am Sonntag aussieht?

Auf der Reichsagitations- und Propagandakonferenz der KPD, 1925, war beschlossen worden, alle Medien in den Dienst des Klassenkampfes zu nehmen. Das beherzigte ein junger Mann, ein Arbeitsloser, aus einer Arbeiterfamilie. Die Kunst, die er wollte (ohne an das hohe Wort zu denken), war jung. Was die Leica konnte, ein mechanisches Spielzeug, schien zu harmlos für den traditionellen Auftrag der Kunst, etwas zu bewirken, und sei es für die Ansprüche der Lesebücher. Im Abstand der Zeit bewegen wir uns heute wie Besucher in dieser fotografierten Stadt, wie ein Flaneur – auf seine Art ein Arbeitsloser, der etwas behalten hat, das nicht zu vermarkten war, seinen Blick. »Flanieren ist eine Art Lektüre der Straße«, schreibt Franz Hessel 1929, »wobei Menschengesichter, Auslagen, Schaufenster, Café-Terrassen, Bahnen, Autos, Bäume zu lauter gleichberechtigten Buchstaben werden, die zusammen Worte, Sätze und Seiten eines immer neuen Buches ergeben.« – Ballhause will nicht die ganze Stadt präsentieren, wie sie zur ästhetischen Entdeckung des neuen Films wurde; er will auch nicht das O-Mensch-Pathos der Expressionisten mit anderen Mitteln ausdrücken. Für ihn befindet sich die Stadt – es ist Hannover und könnte Berlin oder Leipzig sein – in einem Kriegszustand, arm gegen reich und reich gegen arm, die Viertel der Wohlhabenden sind hinter kunstvollen Fassaden verborgen, die der Armen stehen im Schatten von Fabrikmauern. Gibt es Oasen in dieser Szenerie, dann die Rummelplätze, wo man gegen Eintritt seine Traumwelt zum Kreisen bringen kann – wie im Kino; vor der Stadt die Felder und Dörfer. Der Bauer auf seiner Scholle, den uns Ballhause zeigt, konnte auch zur Idylle unter Ährenkranz und Lämmerwölkchen geraten. Ballhause gibt einen anderen Hinweis, die Klammer ist die fortgesetzte und die unterbrochene Tätigkeit des Menschen, und der Hunger ist allen gemeinsam. Sicher waren die auf der Straße verkauften Produkte für die Arbeitslosen erschwinglicher als die Waren dahinter, im Schaufenster. Die Trauer im Gesicht der Blumenverkäuferin aber ist die Trauer in all diesen Gesichtern, sie zeigt den Riß im Bild des zerstörten Menschen. Kein Lächeln wird hier angeboten wie sonst einem Atelierfotografen.

Diesen Ausdruck in einer gemäßen Haltung zu erfassen, hatte Walter Ballhause von der bildenden Kunst gelernt. Der trauernde alte Mann auf einem Stuhl, eine Momentaufnahme, sichert sich die gleiche Dauer in unserem Bewußtsein wie Vincent van Goghs bekanntes Bild zum gleichen Thema. Der lesende Arbeitslose, ein Motiv bei Ballhause, das auch den Ablauf einer anders als beim Arbeiten erlebten Zeit andeutet, ist wie ein Selbstbildnis. Zu den »Universitäten« des jungen Ballhause gehört ein Buch von Erich Knauf, 1928 mit dem Titel ›Empörung und Gestaltung – Künstlerprofile von Daumier bis Kollwitz‹ veröffentlicht. Knauf, der Kulturredakteur der sozialdemokratischen Zeitung in Plauen war, wurde 1944 hingerichtet. Will man eine Ordnung in die Fotografien Ballhauses bringen, kann man ihnen unterlegen, was Knauf zeigte: Bei Millet die Melancholie in der Anklage; bei Daumier die Physiognomie des vierten Standes, die schwelende Revolution; bei Steinlen die Anteilnahme an den Opfern der Zivilisation; bei Käthe Kollwitz die Hoffnung der Mütter, die Sehnsucht nach einem Naturzustand des ausgebeuteten Menschen.

Der Arbeitslose als Flaneur, das wäre am Ende eine Einschränkung, die aus einem zufälligen Sehen entstünde. Blättert man in dem vorliegenden Band, möchte man Ballhause einen *epischen* Fotografen nennen, einen, der eine Geschichte zu erzählen hat. Daß er seine Gestalten oft von hinten aufnimmt, mag nicht nur die Scheu des Fotografen erklären, der seine Leica im Mantel versteckt trug – ein »Mann der Menge«, der etwas zu verbergen hatte –; die Scham, die er mit den Fotografierten teilt, ist Erinnerung an eigene Misere, an eine zerrissene Kindheit, an die gebückte Haltung der Eltern. Diese zerschlissenen Ehepaare mit der angepaßten Gangart, diese einbeinigen Bettler, die der Fluchtpunkt ins Nichts schickt, lassen eine Geschichte hinter sich, den Krieg von 1918, die Inflation, die Notverordnungen, die Stempelstelle. Sollen die Kinder in den Ferienlagern der Roten Falken den gleichen Weg nehmen? Und wohin marschieren diese Polizisten, wer befiehlt den strammstehenden Soldaten? Der Polizist mit dem Schäferhund, neben dem Arbeitersportler, beginnt oder endet hier eine Geschichte wie aus Brechts Film ›Kuhle Wampe‹? Daß Geschichte eine Bewegung in Bildern ist und kein abstrakter Meinungskampf, man glaubt es anhand dieser Aufnahmen.

Nach 1933 betrachtet die Geheimpolizei die Fotos: zu einsichtig ist der dokumentierte Zusammenhang von Arbeitslosigkeit und Faschisierung. Zu eindeutig aber auch das Können des Fotografen. Die berühmte Firma Kodak hatte in Umlauf gebracht: Sie drücken auf den Knopf, wir besorgen den Rest. So etwa könnte man sich das Verhältnis der Diktatur zum Medium Fotografie vorstellen. Das schöne Einzelbild mit viel Kunst in Szene gesetzt, sollte wieder eine heile Welt propagieren.

Walter Ballhause hatte, da er zu fotografieren begann, mit zwei Traditionen zu rechnen. Die fotografierte Stadt als Kriegsschauplatz, das hatte auch mit den merkwürdigen Anfängen der Fotografie zu tun, den reportierenden Charakter des neuen Mediums einzusetzen, so auf den Kriegsschauplätzen des amerikanischen Bürgerkriegs im 19. Jahrhundert oder im Krim-Krieg. Zu sehen, wie es war, hilft herauszufinden, wie es weitergeht: Diese smarte Absicht des amerikanischen Fotorealismus, mit der die Illustrierten zum Anschauungsmaterial für einen betroffenen Leser wurden, half der Fotografie in den Zeugenstand. Denn der Fotograf mußte ja dabeigewesen sein, er konnte sich die ausschmückende Muse der Schlachtenmaler nicht leisten. Von der einen Front des Kapitals zur andern ist der Weg nicht weit. Daheim aber sollte der Fotograf die Gegensätze verschleiern oder im Schatten lassen und da weitermachen, wo die Genremaler angefangen hatten, die Sittenschilderer der »Realien des Lebens«, die sich auch im Atelier arrangieren ließen, wo es gewiß neben Puder auch Ruß gab für eine Maskerade der Modelle. Ballhause, in Deutschland einer der ersten und raren ›Arbeiterfotografen‹, begabt mit einem ›Klassenauge‹ (Edwin Hoernle), verweigert die Süßlichkeit der stilisierten Handwerkerbögen aus dem 19. Jahrhundert, das Blumenkind mit der hingehaltenen Hand und dem Ausdruck wie aus Andersens Märchen. Er versagt sich auch das schöne Detail, das interessant angeschnittene Bild: was er macht, ist wie der Blick durch eine Tür, ohne den Abstand eines Vorfelds, es ist unser Zimmer, das wir betreten, unsere Straße eines jeden Tages. So gelingt die Identifikation ohne Umwege, ohne Zitat, dabei entsteht auch ein Zustand von Dauer, ein Zeitgefühl der öden Wiederholung, des Abgenutzten, ganz im Gegensatz zu den explosionsartigen Montagen in diesen Jahren bei Heartfield oder Moholy-Nagy. Wenn da im Kostüm Reklame geschoben wird, so ist man weit weg von den Experimenten der Bauhaus-Künstler: Das Bild erklärt dem Betrachter, daß keine bessere Arbeit zu finden war. Diese Maskerade ist wie ein Hohn. Ballhause will direkt verstanden werden. Als Ballhause einige Arbeiten ausstellen kann, seinen Namen neben den berühmten Profis der Zeit findet, haben sich die Betroffenen möglicherweise anders gesehen. Die Lügen anderer Fotografien, die man sich aufs Vertiko stellen konnte, hatten die trügerische Hoffnung eines überwundenen Zustands; Gartenlaube war überall, auch in den Wohnzimmern der Arbeitslosen. Die Leica in der Hand Ballhauses hatte den Vorteil, daß man wenig mogeln konnte, und sein Fotopapier hatte eine schwache Empfindlichkeit von 8 bis 13 DIN.

Der heute über siebzigjährige Walter Ballhause, 1911 in Hameln an der Weser geboren, lebt bei Plauen. Er war das jüngste Kind in der Familie eines Schuhmachers und einer Lederstepperin. Als die Ehe geschieden wird, zieht die Mutter mit dem Jüngsten von Stellung zu Stellung. Für das sensible Kind ist jeder Wechsel wie eine fehlgeschlagene Hoffnung auf Geborgenheit. Zeit zum Spielen reicht kaum für den Augenblick an der Wasserpumpe, für eine Erkundung des Abfallkorbs auf der Straße. Er trägt Zeitungen aus, mit dem Blick in die Fenster, hinter denen ihn der Blick behüteter Kinder trifft. In die Stadt fahren Transportzüge mit Kriegsverwundeten: ein bleibender Eindruck. Der Fotograf Ballhause nimmt das auf, was er lange mit sich herumgetragen hat. Er wird Hilfsarbeiter und entwickelt eine Vielzahl von Interessen, von der Technik bis zum Sport. 1925 wird er Mitglied der SPD, später der Sozialistischen Arbeiterpartei. Den Staatsschützern der braunen Diktatur war er aufgefallen; ihre Aufforderung, seine Kunst als Fotograf in ihren Dienst zu stellen, hatte er abgelehnt. Von Hannover geht er nach Straßberg bei Plauen – um sich beruflich weiterzubilden, vor allem aber, um so der Überwachung in Hannover zu entgehen. 1944 wird er verhaftet, man wirft ihm Kontakte zu den antifaschistischen Zellen im Betrieb vor. Das Urteil bleibt aus, die Akten waren beim Bombenangriff auf Dresden verbrannt. 1945 wird er aus dem Zuchthaus Zwickau befreit. Er gründet in Straßberg die Ortsgruppe der KPD, wird Bürgermeister, stellt seine vielen Talente in den Dienst des Wiederaufbaus. Der Aktivist der ersten Stunde, der Neuerer, Techniker, Gießereifachmann, der Vorträge im Land hält, der Erfinder Ballhause läßt den einstigen Fotografen vergessen. 1971 bittet ihn die Vereinigung der Verfolgten des Naziregimes in Hannover um fotografisches Material aus der Zeit des Widerstandskampfes. Ballhause betrachtet, was er in der Jugend gemacht hat, mit Staunen vermutlich. Wenn man in Zukunft seinen Namen nennt bei einer Aufzählung etwa der Gedichte von Johannes R. Becher, von Döblins ›Berlin Alexanderplatz‹, von Brechts ›Kuhle Wampe‹, der Geschichte der Arbeiterfotografie, die Fotografie vom Bild des Menschen, so ist das eine Sache kunsthistorischer Gerechtigkeit, und ein Ergebnis des vorliegenden Bandes. Walter Ballhause selbst liebt die großen Worte nicht. So mag unser Dank seine Bilder begleiten.

Fritz Rudolf Fries

Arbeitslose

HITLER

Ein Tag im Leben des arbeitslosen Schlossers Karl Döhler

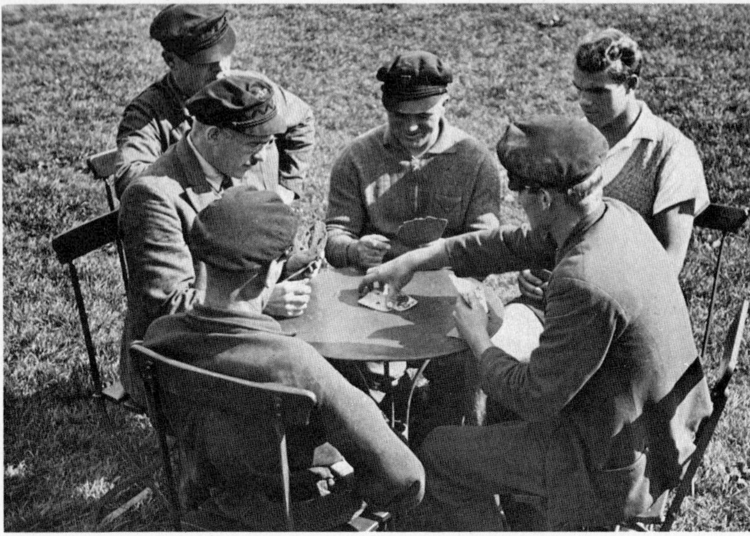

Kriegsopfer und Invalide

MOTORRAD
69 Jahre
Tribut!
Feinschnitt 50 Gramm

69 Jahre
Weshalb Volksbegehren?
Ein unvergleichlicher
Ein unvergleichlicher
STAN
Erfrischend, mild und leicht
Feinschnitt 50 Gramm 30 Pfg.

Marktabfälle – Auf der Suche nach Verwertbarem

Die Alten

ahrend der
nmermonate
onntags Aufnahm
nur nach vorh
Anmel

ER VORSTAND

Loke's Restau

Tätige Frauen

COMMERZ- UND PRIVAT-BANK

Joseph Guise
Qualitäten
BILLIG

Großstadtszenen

Asba
Uralt
157
157

Kind
ERSTOLZ

riedrich Dörge
Fernspr.

iMi
Verkauf
iMi
iMi
iMi

FFISCHEREIGES.
SEE"
„NORDSEE"
Schuh-
Reparatur
BLITZ
30

4 Jahren
Arbeitslosigkeit behoben
6 Millionen auf der Straße
Gebt Hitler 4 Jahre Zeit zum Aufbauen!
Hitler
Liste 1
Wir haben das Wählen satt!
Hitlers
Reichskanzlerschaft
ein außergewöhnlicher Wille und
ein außergewöhnliches Können
ein ehrliches Wollen
Freiheit und Ansehen für die deutsche Nation
in der Welt · Soziale Gerechtigkeit
Wir wählen Hitler auf Liste 1
Ein Nichtwähler
Alles herhören!
Die S.P.D. verlangt
„historische Wahrheit"
„Deutsche Revolution"
im Auftrage Frankreichs
Es wählt Adolf Hitler Liste 1
N S D A P
12 Jahren
recht
behalten!
Es gibt nichts ander
GARBÁTY
GOLD
SABA
CIGARETTEN
m/Gold

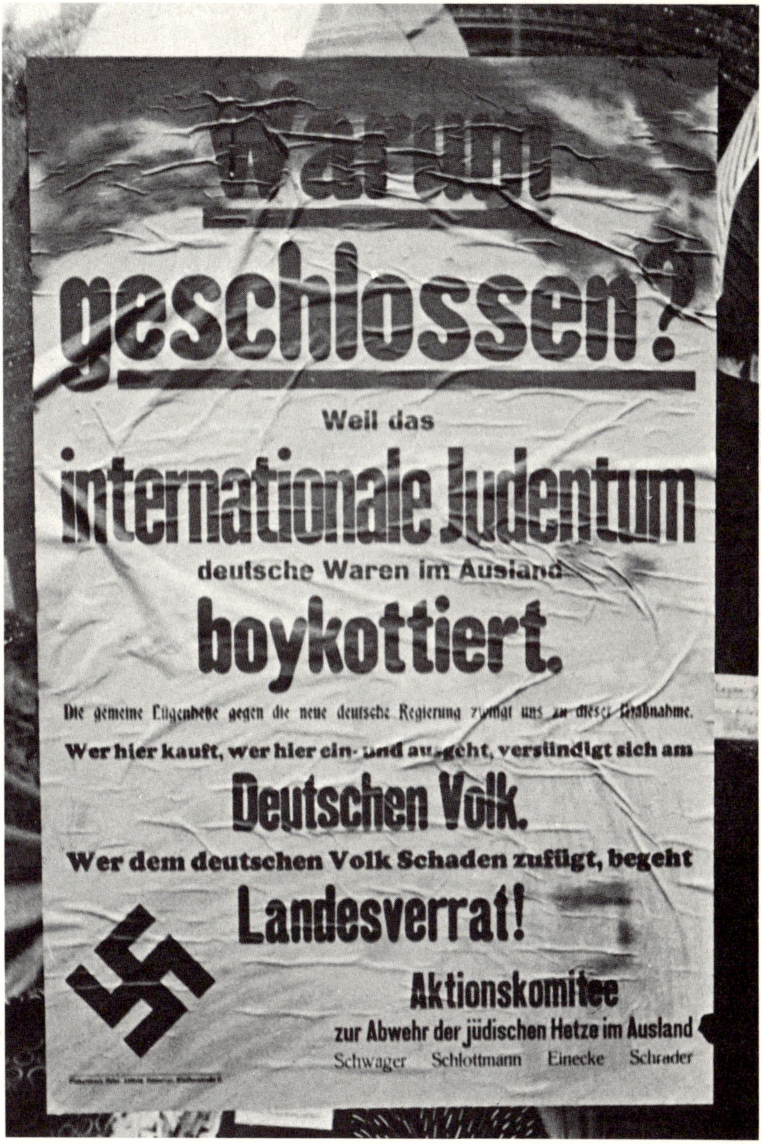
Warum
geschlossen?
Weil das
internationale Judentum
deutsche Waren im Ausland
boykottiert.
Die gemeine Lügenhetze gegen die neue deutsche Regierung zwingt uns zu dieser Maßnahme.
Wer hier kauft, wer hier ein- und ausgeht, versündigt sich am
Deutschen Volk.
Wer dem deutschen Volk Schaden zufügt, begeht
Landesverrat!
Aktionskomitee
zur Abwehr der jüdischen Hetze im Ausland
Schwager Schlottmann Einecke Schrader

Achtung
wir

Kinder in der Großstadt

Türkischer Honig
Türkischer Honig
Türk. Honig
bewährt gegen

Restaurai
TONFILM

PAUL HENKE

Werkswohnungen

An Sonntagen

Kleidung
Jagd-
Messer
Mäntel
Hirschhorn-
Waren

Ferienlager der Roten Falken,
Bothfeld bei Hannover, 1930/31

Antifaschistische Aktionsgruppen

Die SAP-Delegierten von Berlin (2. v. r. Otto Brenner, der spätere IG-Metall-Vorsitzende)

SAP-Versammlung in Burghaus, Hannover

Berittene Polizei bei einem Reichsbanneraufmarsch gegen den Faschismus, 1931

Reichsbanneraufmarsch

SAP-Agitpropgruppe (5. v. r. W. Ballhause)

SAP-Aktion gegen Nazikneipe

Illegale Zusammenkunft einer SAP-Gruppe, im Vordergrund schlafend Otto Brenner, Juni 1933

Noskes Polizeiaufmarsch
vor Vertretern der Reichswehr, Frühjahr 1932

SA-Übergriff auf das Gewerkschaftshaus,
Hannover, 1. 4. 1933

Anmarsch vom Königsworther Platz, Nähe Klagesmarkt

GEBR

Menschenansammlung vor dem Gewerkschaftshaus

CIGARREN

Anmarsch in der Nicolaistraße

Die Hakenkreuzfahne wird aufgezogen

Die Verbrennung der roten Fahne

Abmarsch

Vor dem Gewerkschaftshaus

»Führers« Geburtstag in Hannover, 20. 4. 1933

Aufmarsch am Waterloo-Platz

SA-Aufmarsch in der Georgstraße

Schüler

Schüler

SA und Gestapo beim Kontrollgang durch das Arbeiterviertel Hannover-Linden

Austeilung des »Führerpakets« an Arbeitslose

SA in Hannover-Linden